Souvenir et Impressions

DE LOURDES

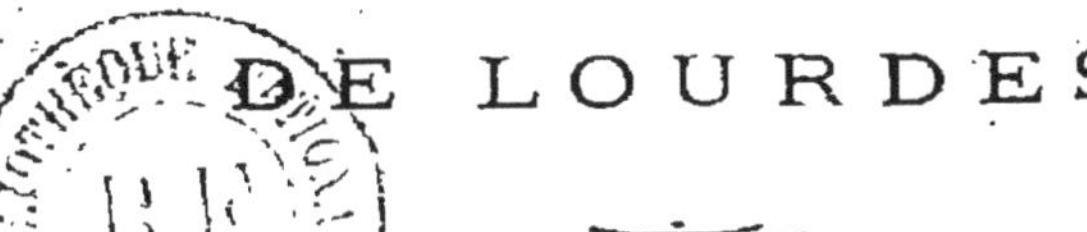

Description de ses Monuments

PAR MARIE ANTOINE

SE VEND AU PROFIT DES FEMMES DE FRANCE

PRIX : UN FRANC

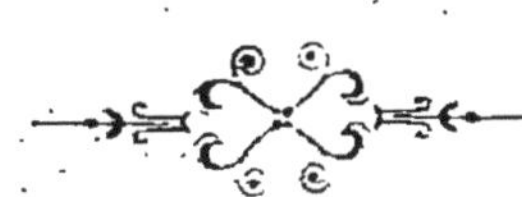

NEVERS

IMPRIMERIE-LIBRAIRIE L. CLOIX

17, Avenue de la Gare, 17

1902

Souvenir et Impressions

DE LOURDES

Description de ses Monuments

Par MARIE ANTOINE

SE VEND AU PROFIT DES FEMMES DE FRANCE

PRIX : UN FRANC

NEVERS

—

IMPRIMERIE-LIBRAIRIE L. CLOIX

17, Avenue de la Gare, 17

1902

LOURDES

Lourdes! Lourdes! Lourdes ! Quand cet appel retentit aux oreilles, quelle douce joie s'empare des cœurs ! En une minute, toutes les fatigues d'un long voyage sont oubliées, on est enfin au terme de tous les désirs, nous sommes dans la ville de l'Immaculée, dans la cité bénie où elle a daigné poser son pied virginal.

Nous fîmes donc l'arrêt projeté dans cette ville de Lourdes, si subitement sortie de sa médiocrité pour devenir le terrain classique du miracle et la rive où viennent se ruer avec un indicible enthousiasme les flots humains échappés des divers continents du globe.

En présence de ces faits si éminemment merveilleux, et tous contemporains, l'esprit le plus rebelle s'arrête interdit.

La Vision céleste à la robe et au voile blancs, à la ceinture d'azur, aux pieds nus recouverts de roses d'or ;

L'ignorante et craintive enfant que nous représente Bernadette devenue humble et modeste religieuse dans l'ordre si grand, si admirable et surtout si cher à nos cœurs des Sœurs de la Charité et Instruction chrétienne de Nevers ;

Les foules de toute nationalité de plus en plus empressées, que nulles tracasseries policières ne peuvent déconcerter.

Et planant au-dessus de tout le surnaturel qui s'affirme et se démontre par des miracles sans nombre.

Quel sujet à réflexions et comme il faut s'incliner sous l'avalanche de célestes attestations dont la glorieuse trame ne paraît pas être arrivée au bout de son rouleau.

Oui, la vierge a vaincu, elle triomphe, car conformément à ses volontés, le monde entier déverse aux pieds des Roches Massabielle.

La Vierge Immaculée ayant résolu de descendre en notre pays de France, fixa son choix sur la petite ville de Lourdes, il est permis de croire que ce n'est pas sans motif.

Mais, pendant que je laisse ainsi errer ma pensée, je m'aperçois que je suis à l'entrée de Lourdes, sur la route de Pau qui va me conduire à l'Orphelinat des Chères Sœurs de Nevers, qui se dévouent sans compter, comme elles savent le faire dans toutes leurs œuvres, aux petites orphelines de Lourdes. Là, je retrouverai le calme, la paix, loin du bruit de la foule et surtout une sincère affection et un dévouement sans limites.

Lourdes est située aux pieds des Pyrénées, ce seul mot des Pyrénées est une évocation de ce que la nature déjà si prodigue a pu produire de plus beau en notre pays.

Les Pyrénées, c'est le ciel transparent du Midi, l'air pur et limpide que vient rafraîchir la brise des montagnes, les vastes prairies émaillées de fleurs, les grandioses solitudes que trouble seulement le mugissement des vagues et de plus l'imposante majesté des cimes inaccessibles.

Quel lieu pouvait être plus propice à la riante apparition de celle que l'Écriture appelle la Fleur des champs, le Lis des Vallées, de cette rose mystique qui croît sur les rives des eaux.

Il n'est pas jusqu'au Château-Fort sept ou huit fois séculaire, et perché en face sur le roc isolé et aride, inaccessible dans son silence morose, qui ne rende hommage à la Reine des Cieux.

D'anciennes traditions rapportent qu'au temps de Charlemagne, le château dont les ruines imposantes dominent aujourd'hui la ville, était occupé par un chef sarrazin du nom de Mirat. Vainqueur de Charlemagne, il fut vaincu par Dieu. Un miracle le convertit. Ses biens rentrèrent dans le domaine de la chrétienté, mais il stipula, dit la chronique, que devenant le chevalier de Notre-Dame la Mère de Dieu, il entendait soit pour lui, soit pour ses descendants, que son comté libre de tout fief, ne relèverait jamais que d'elle seule.

Quoiqu'il en soit de cette légende, il est de fait que les sanctuaires de Marie sont ici en plus grand nombre qu'en tout autre pays.

Une sympathie plus profonde attirait Marie en ces lieux. Le peuple de Lourdes est simple, abrité par ses montagnes, comme derrière un rempart assuré, il n'a pas ressenti les atteintes de l'incrédulité: plein de droiture morale et de sens, il est resté fidèle aux antiques traditions, inébranlable dans sa croyance comme les rochers qui portent ses maisons. Témoins ces confréries vestiges des siècles de foi.

Les corporations sous forme de sociétés de bienfaisance, réunissent presque tous les hommes, elles ont leur patron, leur autel à l'église, leur bannière, leur réglement. Les femmes ont aussi leurs associations les plus importantes, celle des enfants de Marie, le Tiers-Ordre de saint François d'Assise, qui par leurs réglements offrent à leurs membres une sauvegarde très efficace pour la conservation de l'esprit moral et religieux. C'est un honneur d'y rester, c'est une honte d'en être exclue. Il faut voir ce peuple de Lourdes les jours de grande fête en particulier, le 15 août, se rendant processionnellement, musique municipale en tête, écoles laïques, écoles religieuses, pensionnats, orphelinats, hommes et femmes de toutes conditions suivant pieusement leurs innombrables bannières, de l'église paroissiale à la Grotte se consacrer à la reine de Lourdes. C'est un spectacle de foi inoubliable.

A titre de reconnaissance pourrait-on dire : Marie devait à un tel peuple de se manifester chez lui, il lui avait donné beaucoup, il allait être dédommagé au centuple.

Lourdes est à la porte des Pyrénées, elle en est comme la clef. Les nombreux touristes qui se rendent à ses eaux renommées, ceux qu'attirent ses vallées mystérieuses, ses imposants sommets, sont obligés de passer par Lourdes, on y vient non seulement de la France mais de l'univers entier. Comme la Suisse elle est un des carrefours du monde. Les Pyrénées allaient devenir un sanctuaire, les touristes se transformer en pèlerins.

De la terrasse de l'Orphelinat la vue est magnifique, à gauche Lourdes et son vieux château, en face les montagnes couronnées de neige, la Basilique et son élégante flèche, crypte, église du Rosaire, terrasses superposées, balcons, escaliers, balustrades gigantesques, rampes semi circulaires, enveloppant sur un de ses côtés, comme pour lui donner un certain aspect de la place Saint-Pierre à Rome, une nouvelle et non moins gracieuse esplanade.

Dans l'axe celui de la masse architecturale, sommairement décrite et aussi celui d'un parc aux vallées geminées se développant dans de larges proportions, vers la ville, jusqu'à l'entrée du Pont-neuf gardé par saint Michel Archange.

Entre les deux esplanades signalons les trois piscines, les fontaines aux douze robinets, et aussi les larges espaces qui leur servent d'abord, et la magnifique promenade qui fait suite, l'abri des pèlerins. Tel est l'ensemble de ce lieu béni si hanté des pèlerins avec les deux rives du Gave

pour berceau et pour couronne des maisons hospitalières, l'orphelinat et l'hospice des sœurs de
Nevers, les Carmélites, les Dames de l'Assomption,
les Clarisses, les Dominicaines, le Bon Pasteur,
les sœurs bleues de l'Immaculée-Conception. Dans
leur chapelle est établie l'Adoration Perpétuelle.
La résidence des Pères de l'Immaculée-Conception, gardiens du Sanctuaire, le Châlet de Monseigneur l'évêque de Tarbes, tous édifices d'une réelle
richesse de construction dignes de graviter tout
autour en satellites respectueux et fidèles.

Et la ville tout entière n'est que la cour où l'on
met pied à terre, l'hôtellerie où l'on se repose un
instant, où l'on prend ses repas en toute hâte.

Oui la cité de Lourdes est l'humble servante de
la Grotte, des rayonnantes basiliques, elle ne vit
plus aujourd'hui que pour elles et par elles, au
demeurant fière et à bon droit de sa glorieuse
vassalité identifiant désormais ses destinées à
celle de la Belle Dame.

Notre-Dame de Lourdes, priez pour nous.

LA GROTTE

Nous avons devant nous deux chemins pour
arriver à la Grotte, l'un qui traverse la ville, l'autre qui la longe ; ce dernier est le plus court, le
plus intéressant, nous le suivrons.

Nous rencontrons sur notre passage des pélerins,
des voyageurs de tout costume, de tout pays qui
arrivent ou qui partent.

Nous traversons, sur un pont neuf, le Gave qui
descend de la montagne avec des colères sublimes
à certains jours, et nous nous trouvons dans ce
qui s'appelle le fief de la Sainte-Vierge sur le Bou-
levard qui sert d'avenue au Pèlerinage.

Là le tableau est de tous points admirable, il
serait difficile d'en donner une juste idée, on ne
rend pas l'impression qu'il produit dans l'âme de
celui qui le voit pour la première fois.

Le vieux pont qui pouvait à peine donner passage à une charette a été reconstruit et facilite
l'accès de la Grotte. L'ancienne prairie de **M.**
Laffitte a été transformée en une place magnifique appelée l'esplanade de la Grotte où se font
les processions du Saint-Sacrement.

Si l'on essaie de retrouver l'ancien chemin
raboteux, par lequel Bernadette allait le plus souvent à la Grotte et qui aboutissait au sommet du
mamelon, on voit à sa place une large et spacieuse
avenue, et le raidillon, qui descendait du sommet
jusqu'au Gave, est remplacé par le chemin, dit des
lacets, formant un M gigantesque et d'un effet
surprenant quand il est, aux soirs des processions,
illuminé par les cierges des milliers de pélerins.

L'esplanade est ornée à l'entrée d'une statue en
bronze de saint Michel Archange, de la Croix des
Bretons, d'une autre croix de fer qu'on illumine

les soirs de procession, du magnifique calvaire des Bretons en granit dû au ciseau de M. Héniot et inauguré le 14 septembre 1900 en présence de nombreux évêques, d'une multitude de pélerins des cinq diocèses de Bretagne.

A quelque distance presque au milieu de l'esplanade se dresse une grande statue de Notre-Dame-de-Lourdes qui semble accueillir les pèlerins et leur montrer le chemin de la Grotte et de la Basilique. La statue que nous saluons n'est pas celle qui reçut le diadème, mais elle en porte un qui brille au soleil, c'est la première Vierge que nous saluons sur la terre de Lourdes. A côté nous admirons l'abri des Pèlerins, le bureau des constatations médicales, les piscines, les fontaines, nous arrivons à la Grotte.

La Grotte bénie témoin des apparitions ne pouvait être négligée, n'était elle pas avant tout le sanctuaire de Marie, le tabernacle où elle avait résidé et autour duquel devaient converger toutes les lignes de son temple.

Malgré les splendeurs de la Basilique et de l'église du Rosaire, la Grotte reste le principal point d'attraction de Lourdes, le premier où l'on se rend lorsqu'on arrive, où l'on revient dix fois le jour, où l'on aime à prier, que l'on quitte à regret non sans se retourner pour le revoir encore, vers lequel on jette en partant un dernier et suprême adieu.

La première impression que l'on éprouve en rentrant dans une église c'est celle du respect, et le premier mouvement que l'on fait c'est de porter la main à son chapeau pour se découvrir. Cette impression on la ressent dès qu'on approche de la Grotte. Tout le monde se découvre même les indifférents, on sent qu'on est en face d'un sanctuaire privilégié. Il en est qui seraient même tentés de faire davantage et qui volontiers ôteraient leurs chaussures pour marcher sur le sol.

Approchons-nous donc avec des sentiments de respect, et admirons la Grotte.

La Grotte a été scrupuleusement conservée dans sa simplicité primitive. Il n'y manque que le buisson d'églantier sur lequel Marie posait son pied virginal, rien ne pût le garantir contre les pieuses fraudes des premiers pélerins, fleurs, feuilles, branches disparurent tour à tour, les racines même ne furent pas épargnées, et l'on conserve précieusement dans le trésor de la Basilique une petite statue de l'Immaculée-Conception portée aux processions et qui a été faite avec les débris des racines qu'on a pu recueillir.

Le sol de la Grotte a été nivelé et recouvert d'une couche d'asphalte, au milieu sont encastrés des ex-voto de marbre blanc en particulier ceux de M. l'abbé de Musy et de Mlle Jeanne de Fontenay du diocèse d'Autun.

Les parois sont noircis par la fumée des milliers de cierges qui brûlent constamment.

L'entrée est fermée par une grille de fer, à droite s'élève la chaire, et à gauche s'étalent, glorieux trophées, des centaines de crosses, béquilles, appareils de toutes sortes, témoignage éloquent des infirmités humaines guéries par la main toute puissante de Marie.

Dans l'intérieur de la Grotte un superbe harmonium, don de Monsieur et de Madame la baronne de Malet, des chaises et des prie-Dieu pour les pélerins.

Au centre se dresse un autel d'argent offert par une dame du diocèse de Séez en souvenir d'une grâce insigne reçue à la Grotte de Lourdes. Il arriva avec le pèlerinage diocésain, le 6 octobre 1874, huit prêtres le portaient sur un brancard et le déposèrent à la place qu'il occupe encore aujourd'hui aux jours de pèlerinage recouvert avec soin d'une housse dès l'instant qu'il n'est pas employé à l'exercice des saints mystères.

Au-dessus une lampe d'or brûle continuellement.

La messe n'y est célébrée qu'à l'occasion des pèlerinages, et la faveur de l'y dire n'est accordée qu'aux directeurs qui les conduisent et aux évèques qui les président.

Or. quand cette faveur est accordée que la messe soit basse ou chantée, le spectacle est vraiment imposant et grandiose. La foule agenouillée et recueillie suit les prières et le divin sacrifice s'accomplit dans un silence parfait qui n'est interrompu que par des cantiques.

La statue en marbre blanc qui attire les yeux donne à la Grotte une physionomie pour ainsi dire vivante, j'en dirai plus tard les beautés.

La grille qui trop souvent arrète ses pieux admirateurs est à certains jours l'objet d'indignations vraiment senties. Il faut parfois dans des vues d'ordre la tenir fermée et de là les plaintes parmi les pèlerins qui désirent entrer baiser la roche bénie et prier le plus près possible de l'endroit frôlé par la robe de la Vierge Immaculée. Hâtons nous de dire que la fermeture n'a lieu qu'au moment des foules, qu'en temps ordinaire on peut toujours pénétrer dans la Grotte et que même les jours d'affluence chaque pèlerin a la consolation d'y entrer au moins une fois.

La chaire est simple et modeste et cependant il y a peu de chaires chrétiennes aussi célèbres qu'elle. Si l'on écrivait l'histoire des prédicateurs qui l'ont occupée tour à tour pour porter la parole sainte nous aurions à coup sûr une étude intéressante à lire.

Nous aurions là en l'honneur de Marie Immaculée une anthologie oratoire qui par sa variété plairait aux amis de N.-D. de Lourdes.

N.-D. de Lourdes, Vierge-Immaculée faites pénétrer au plus profond de l'âme de ceux qui ont eu le bonheur d'entendre les instructions. les conseils tombés de cette chaire privilégiée.

Permettez, ô bonne Mère, qu'ils les comprennent bien, et que rentrés dans leurs foyers, ils les mettent en pratique, qu'ils deviennent de vrais chrétiens enfants de N.-D. de Lourdes, afin que ceux qui les entourent éprouvent le désir de venir à leur tour entendre cette parole bénie, que les ministres de votre divin Fils nous transmettent avec tant d'âme sur cette terre de Lourdes, qu'ils viennent prier auprès de cette roche bénie où vous avez daigné apparaître et où vous régnez en souveraine ô Vierge-Immaculée. C'est la grâce que je vous demande, ô N.-D. de Lourdes pour tous ceux qui viennent vous visiter et pour moi qui ai éprouvé tant de consolations et de joies auprès de la Grotte.

Bénie soit la très sainte, très pure et Immaculée-Conception de la Bienheureuse Vierge-Marie Mère de Dieu.

NOTRE-DAME DE LA GROTTE

Notre-Dame de la Grotte, tel est le nom donné par les habitants de Lourdes et des pays environnants à la glorieuse apparition avant qu'elle eût daigné répondre aux naïves questions de Bernadette par ces mots : Je suis l'Immaculée-Conception.

Dans la niche, à la place même où apparut Marie, on voit une belle statue en marbre blanc, don de Mlles de Lacour de Monthuzin, près Lyon qui en confièrent l'exécution à l'éminent sculpteur de Lyon, Fabish.

Fabish vint à Lourdes plusieurs fois, se fit renseigner par Bernadette, lui soumit plusieurs dessins et maquettes jusqu'à ce qu'il se fût assuré d'être aussi exact que possible. Quant à l'expression idéale nul cizeau d'artiste ne pouvait la rendre. Elle était divine et insaisissable.

C'est bien la robe, la ceinture, le voile, les pieds nus, la pose du corps, les bras élevés, les mains jointes, le chapelet pendant. Mais ce n'est pas cela, je n'en puis hélas! donner une idée. Pourtant tout ce que j'en ai su dire est là. Ainsi parlait Bernadette, découragée et satisfaite, quand elle comparait la Dame de ses visions à l'œuvre matériellement fidèle et immatériellement infidèle de l'artiste chrétien.

Ce fut par la bénédiction de cette statue en marbre blanc que l'Evêque de Tarbes et le Clergé, c'est-à-dire l'Eglise prirent officiellement possession de la Grotte de Lourdes à la date du 4 juillet 1864. Avec la pompe usitée en pareil cas cette statue fut placée au-dessus de la Grotte dans la niche rustique où la Mère de Dieu s'était manifestée à la fille des hommes.

L'attitude de la statue a trois particularités, les yeux levés vers le Ciel nous prêchent la foi, les mains l'Espérance, les pieds la Charité. Elle a aussi les pieds nus, elle est prête à tout affronter pour montrer ses sentiments, et si l'amitié va loin sur la route du dévouement, la charité va plus loin encore.

Un jour dans le silence de la Grotte, tandis que quelques pèlerins récitaient leur rosaire, un jeune Breton perclus de tous ses membres interpellait la Vierge : « Quand donc me guérirez vous Bonne Mère, vous êtes bien tenace mais je le serai autant que vous. Cette prière si pleine de foi et d'espérance dut émouvoir le cœur de la Sainte Vierge car elle fût exaucée quelque temps après.

A Lourdes plus qu'ailleurs la Charité donne la main à la Foi, à l'Espérance. Il suffit pour s'en convaincre de voir à l'œuvre les divers comités.

L'hospitalité de Notre-Dame de Salut pendant le Pèlerinage national. L'hospitalité de Notre-Dame de Lourdes pendant toute l'année. Brancardiers et dames Zélatrices rivalisent de dévouement et de délicatesse pour soigner, soulager, consoler les malades. Ils multiplient les précautions pour leur épargner les heurts, et il n'est rien qu'ils n'imaginent. Ils ont vu les pieds nus de la Vierge, ils savent que ces pieds disent « Pitié pour ceux qui souffrent. » Ils ne reculent devant rien pour pratiquer la vertu qui est la Reine des autres la divine Charité. Telle est la révélation que nous fait par son attitude la statue de la Grotte, et lorsqu'on la contemple quelques instants abîmé dans la prière, elle semble vous parler, vous consoler, vous dire d'espérer.

Le costume de la Vierge Immaculée est blanc, elle porte une ceinture bleue à sa taille. dans ses mains un rosaire, et deux roses d'or sur ses pieds.

Le costume blanc nous prêche la pureté, la ceinture la pénitence, le rosaire la prière, les deux roses, les deux grandes prérogatives de Marie, sa Maternité divine et son Immaculée-Conception.

A la Grotte devant la statue on se sent vraiment au cœur de ce vaste sanctuaire qu'est Lourdes. C'est la salle d'audience de Marie. Aussi comme on y prie bien et quelles joies on y goûte. Il semble que quelque chose de la divine extase envahit le cœur, la prière monte aux lèvres instinctivement, les bras se mettent en croix, les lèvres se collent au sol sacré. Souvenirs ineffaçables, poignantes émotions, que l'on n'oubliera jamais, lieux bénis où le ciel paraît s'incliner sur la terre. O bienheureux rocher sur lequel s'arrêta le regard de Marie, où se posa son pied virginal, qui fut témoin de sa douce conversation, c'est avec respect et admiration que je te baise. Grotte sacrée, sanctuaire de Marie, puisses tu abriter mon cœur, le défendre, le garder à jamais sous le regard et dans l'amour de la Vierge Immaculée.

Notre-Dame de la Grotte priez pour nous.

LA CRYPTE

La Sainte Vierge avait demandé une chapelle, il fallait satisfaire ce désir. Il fut donc décidé, après de longs débats, de bâtir l'église sur la pointe du rocher au-dessus de la Grotte. Mais les obstacles étaient immenses ; la cime étroite du roc se prêtait mal à la vaste construction que l'on rêvait, il fallait aplanir ce sommet et employer à ce travail des sommes considérables.

Le curé de Lourdes, l'abbé Peyramale, résolut d'être l'entrepreneur de la Reine du Ciel, il voua toute sa vie à ce bel ouvrage dont il sentait peser sur lui toute la responsabilité.

Un plan grandiose d'un édifice gothique de proportions imposantes, assis sur une crypte et surmonté d'une croix à cent mètres au-dessus du Gave, fut approuvé par l'Evêque de Tarbes. Une souscription publique organisée et l'on se mit à l'œuvre.

Les ouvriers de Lourdes n'attendaient que l'occasion de s'employer à la glorification de la Reine du Ciel. Ils attaquèrent le roc et bientôt se dessina l'emplacement de la future église.

Le 21 Mai 1866 la crypte complètement terminée était inaugurée par Monseigneur de Tarbes. La ville était en fête, les pèlerins de toutes parts, les habitants de Lourdes s'organisèrent en procession. Les hommes marchaient en tête suivis de la Congrégation des enfants de Marie. Près de deux cents prêtres escortaient l'évêque suivi de son clergé et de son chapitre. La messe fut dite sur un grand autel placé au milieu de l'Esplanade, pour la première fois, Jésus descendit en ces lieux visités par sa Mère. Puis on procéda à la consécration des cinq autels.

La foule se dispersa aux acclamations mille fois répétées de Vive le Curé de Lourdes, Vive Pie IX. Vive l'Evêque, Vive Notre-Dame de Lourdes.

Cette crypte basse, pleine de gravité, et d'une demi clarté mystérieuse, n'offre rien de remarquable au point de vue architectural. On n'y découvre que la pensée de l'auteur de donner de solides assises à la Basilique. Au chevet s'épanouissent cinq chapelles dédiées à saint-Pierre, au Sacré-Cœur, à la Sainte Vierge, à saint Joseph, à saint-Jean, d'innombrables ex-voto de marbre en tapissent les murs. A l'entrée deux autres chapelles dédiées aux Saints Anges. En face la porte d'entrée Saint Pierre que les pèlerins vénèrent avec grand respect, saint Benoît Labre, sainte Germaine Cousin, saint Expédit.

Dans le couloir de droite diverses statues en particulier saint Antoine de Padoue, saint Roch, en haut du couloir la sacristie, en face dans le couloir gauche la sacristie du Père de Garde toujours prêt à confesser, bénir, indulgencier les objets de piété. Cette bénédiction se donne aussi publiquement au maître-autel après les offices.

La crypte se singularise par ses longs couloirs, ses nombreux piliers et captive l'attention du visiteur par l'infinité de ses inscriptions sur marbre du plus touchant effet. Là plus qu'ailleurs les murailles parlent et combien éloquemment, et elles suintent on peut le dire la reconnaissance et l'amour.

Merveilles de grâce les toutes petites chapelles qui rayonnent dans le pourtour avec leur exquise lampe d'or appendue à la clef des mignonnes voûtes. On va entendre la messe un peu partout il est facile de satisfaire sa dévotion, puisqu'à certains jours, aux époques de foules, il se dit à Lourdes un nombre infini de messes, mais on va de préférence à la crypte. Est-ce parce que les confesseurs sont plus nombreux et qu'on peut s'il le faut, mettre plus facilement ordre aux affaires de sa conscience. Est-ce parce que cette chapelle plus | mystérieuse a l'aspect d'une catacombe et qu'on peut mieux s'y recueillir je l'ignore.

Ce devoir accompli on descend dans la région de la Grotte soit pour remplir un rôle dans l'un des nombreux services de l'hospitalité de Notre-Dame de Lourdes, soit pour méditer ou lire sur les bords du Gave, soit pour prier aux pieds de la blanche Madone.

Notre-Dame de Lourdes Refuge des Pécheurs priez pour nous.

LA BASILIQUE

Je remarque que la Basilique est assise sur la
roche de Massabielle, l'âme chrétienne s'appuie
de même sur la foi qui est, dit saint Ambroise, le
fondement de toutes les vertus. Elle la symbolise
si bien que parfois elle la redonne à ceux qui
l'ont perdue. D'ailleurs comment la foi la plus
assoupie ne se réveillerait elle pas en présence
des spectacles qui nous sont donnés toute l'année
aux abords de la Basilique et de la roche sainte.

La Basilique est isolée, c'est-à-dire dégagée de
toute construction profane. Rien n'est malheu-
reux au point de vue du symbolisme religieux et
de la poésie comme une église entourée d'édifices
vulgaires. Rien ne gâte la pûreté de ses lignes et
l'harmonie de son style comme la lèpre honteuse
des maisons ordinaires qui dévore en quelque
sorte son chevet et ses murs.

L'idéal pour une Basilique c'est d'être seule sur
son emplacement et de se présenter aux regards
comme une reine de marbre qui commande.
Napoléon 1er entrant un jour dans la cathédrale
d'Amiens s'écria : « Dieu qu'elle est belle, on dirait
qu'elle va s'envoler ». Eh bien ! C'est là l'impression
que fait la Basilique de Lourdes, si gracieuse, si
aërienne que l'on répète pour elle le mot de l'em-
pereur « on dirait qu'elle va s'envoler. »

La Basilique étant achevée, un bref du Pape en
date du 13 mars 1874, l'élevait au rang de Basilique mineure avec tous les privilèges attachés à ce
titre. La consécration solennelle eût lieu avec le
couronnement de la statue, les trois premiers
jours de juillet 1876.

Des milliers de pélerins étaient accourus, trente-
cinq archevêques ou évêques avaient répondu à

l'appel de Monseigneur Laurence évêque de Tarbes.

Après quelques cérémonies préparatoires la veille, la consécration eut lieu le 2 juillet par son Eminence le Cardinal Guibert archevêque de Paris. Après les vêpres célébrées à cinq heures la fête se termina par une illumination générale.

A minuit les messes commencèrent et se succédèrent sans interruption sur les quarante-cinq autels établis sur l'esplanade, à neuf heures la foule se pressait à la messe pontificale célébrée par le nonce où Monseigneur Pie prononça un discours sur le miracle de Lourdes. Après la messe le nonce du Pape s'approcha de la statue de l'autel et déposa sur le front de la Vierge Reine du Ciel, la magnifique couronne d'or et de diamants don de la foi et de l'amour des fidèles et chacun des Evèques vint successivement offrir l'encens à la Vierge couronnée. La seconde couronne bénie par le Nonce et portée sur les épaules des prêtres fut ensuite solennellement offerte à la statue de la Grotte, puis introduite dans la Basilique toute étincelante de feux pour reposer sur le front de la statue qui surmonte le maître-autel.

Avant de se séparer les évêques réunis à Lourdes envoyèrent une adresse au Pape en témoignage de leur profond respect et de leur filial attachement au Saint-Siège. Le Pape répondit par un bref éloquent tout rempli des plus belles espérances pour le salut de la France.

Ces fêtes dépassèrent en magnificence et en splendeur tout ce qui avait été fait jusqu'ici.

L'extérieur de la Basilique est en pierre de Lourdes, l'intérieur en pierre blanche d'Angoulême. La flèche d'un travail admirable porte à son sommet une couronne d'or. Un carillon redit tous les quarts d'heure, *ó benigna! ó Regina! ó Maria!*

Les cloches fondues à Paris dans les ateliers de Monsieur Hildebrand ont été offertes en 1873 à

Notre-Dame de Lourdes par le prince Gaston de Béarn. La première Jeanne-Alphonsine poids 2,000 kilogammes a eu pour marraine Mlle Jeanne-Marie de Béarn et pour parrain Alphonse XII de Bourbon. La deuxième Geneviève Félicie poids 1,200 kilogs Monseigneur Pierre-Félix, archevêque de Toulouse.et Mme la duchesse de Vallombreuse. La troisième Herminie Benoite poids 1,100 kilogs Monseigneur Langénieux évêque de Tarbes, et Mme la princesse de Léon. La quatrième Cécile-Gastine poids 800 kilogs le prince et Mme la prinresse de Béarn.

La longueur de l'édifice est de 51 mètres, sa largeur de 21 mètres. Au-dessus de la grande rosace porte d'entrée, une mosaïque sortie des ateliers du Vatican représente Sa Sainteté le Pape Pie IX.

Au-dessus de la porte d'entrée de la Basilique statue de la Vierge en marbre blanc, sur le tympan de la porte Jésus bénissant les pélerins, à droite et à gauche l'Immaculée-Conception, saint Bernard. Si l'extérieur de la Basilique est majestueux que n'est pas l'enceinte sacrée. Ne parlons pas de son vaisseau, on pourrait lui assigner l'une des plus belles époques du moyen âge, n'admirons que ses décors.

Et tout d'abord les vingt-trois vitraux dès chapelles latérales et absidales, ils racontent en rayons lumineux les grands traits de l'histoire de N.-D. de Lourdes et de ses miracles, des scènes de l'ancien testament. Des cœurs d'or ex-voto de reconnaissance forment autour de la Basilique les paroles de la Vierge à Bernadette.

Dès que le visiteur a plongé ses regards dans la nef, il ne sait qu'admirer partout la soie et l'or. De la voûte du sanctuaire pendent d'immenses bannières venues de toutes les contrées du monde. Et lorsque le grand vent des Pyrénées s'engouffrant dans la Basilique fait frissonner ces bannières et ces oriflammes, il sort de ce frôlement de soie et de velours comme un hymne glorieux chantant la grande victoire remportée par la foi sur le septicisme.

Quelle magnificence dans le maître-autel couvert de sculptures, il est en marbre blanc de Carrare il est signé Bresson architecte et Bonnet sculpteur, tous deux Lyonnais.

Et la délicieuse statue de l'apparition en marbre blanc qui apparaît svelte entre les colonnes d'or du ciborium.

Le marbre le plus pur est fouillé avec un soin et un art qui le transforment en véritable gaze voilant une jeune et belle Vierge. M. Cabuchet, un artiste parisien, a fait là une œuvre remarquable. C'est cette Vierge qui a été couronnée par le nonce représentant Pie IX.

Et la grille dorée transparente comme une dentelle et formant avec une grâce sans pareille les riches délimitations du sanctuaire.

Et les magnifiques lampes toutes remarquables par la richesse sans doute de leur matière, mais plus encore par le prix d'un travail peu ordinaire. Parmi les lampes qui brûlent jour et nuit l'on montre aux pèlerins la lampe d'Irlande, une œuvre d'art. Egalement en argent doré les lampes offertes par les diocèses de Viviers, de Vienne et de Maca (Chine).

On compte vingt lustres disposés autour du Tabernacle.

Citons encore le buffet d'orgues sorti des ateliers de Cavaillé inauguré le 6 septembre 1873. Le 4 octobre de la même année une chaire en chêne du Canada était offerte par le diocèse de Marseille et inaugurée par Monseigneur Place.

La Basilique était d'ailleurs digne d'abriter tant de merveilles, sa voûte n'a qu'une seule nef sillonnée de nervures légères; de chaque côté cinq chapelles. Le chœur surélevé de cinq marches. Autour du maître-autel rayonnent cinq chapelles absidiales. Signalons celles du Sacré-Cœur. N.-D.

de la Salette, N.-D. des Victoires, N.-D. du Rosaire, N.-D. du Mont-Carmel, saint Joseph, saint Jean Baptiste, saint Pierre, saint François d'Assise, sainte Germaine Cousin, saint Joachim, sainte Anne, saint Jean l'Evangéliste etc. Toutes ont un petit autel placé dans la direction du maître-autel et un confessionnal en chène des Pyrénées.

Sur les côtés du sanctuaire les ex-voto, marbres, croix d'honneur, épées, épaulettes d'officiers, Rosaire d'or de Poitiers, Christ en ivoire, la mître, la crosse de Monseigneur Laurence, évêque de Tarbes, petits flacons d'huile ayant servi au sacre de Monseigneur de Ladoue, évêque de Nevers ; bijoux de grande valeur, couronnes de mariées, tout cela se confond, et de ce mélange mystérieux s'échappe comme une exclamation en l'honneur de celle qui sourit à ceux qui pleurent et qui rend la vie à ceux qui allaient mourir.

Citons parmi les nombreux ex-voto :

Au retour de Lourdes quinze vagons laissés en détresse reculent à toute vitesse sans direction sur les champs Saint-Père. A Marie les pèlerins du Finistère, échappés aux plus grands dangers, reconnaissants.

A Notre-Dame de Lourdes le Poitou reconnaissant, 2 septembre 1896. Préservés de tout mal dans un grave accident, en sortant de la gare de Bordeaux les Poitevins offrent solennellement un cierge à la Vierge glorieuse et bénie : délivrez nous toujours de tout danger Vierge Immaculée. Le bronze à qui ont été confiées ces paroles présente en relief la scène de l'offrande avec la Grotte comme théâtre.

Un nouveau relief en marbre représente la violente rencontre de deux trains et la Vierge Marie assise comme une souveraine sur l'épaisse fumée des deux machines aux prises. Il s'agit de la préservation miraculeuse du pèlerinage niortais dans une effroyable collision avec l'express, à Ygos, le 2 juillet 1876, à une heure du matin.

Un marbre porte un pied en relief avec cette inscription : Vous me l'avez conservé, faites qu'il vous serve.

Et cet autre : J'étais infirme des deux jambes, je suis guérie.

Et encore, Gloire, Amour, Reconnaissance à Marie qui a sauvé mon enfant.

Ailleurs : J'ai invoqué Marie, elle m'a exaucé.

Reconnaissance, loùange, gratitude, hommages, actions de grâces, remerciements, amour éternel. Tout le vocabulaire est ainsi épuisé, et à combien d'exemplaires traduit en toutes sortes de langues.

Déjà à l'aspect de toutes ces merveilles, tout s'anime dans l'esprit du dévot serviteur de Marie et tout l'émeut à l'étreindre. Aussi dans la Basilique ce ne sont pas les merveilles d'architecture qui séduisent, mais bien tous ces souvenirs et l'on passe des heures entières à examiner toutes ces choses que le temps recouvre déjà d'un peu de poussière et qui traduisent, dans un langage que l'on ne saurait reproduire, les sentiments les plus purs de la reconnaissance la plus profonde, et du cœur montent aux lèvres les magnifiques paroles du *Magnificat* ou du *Salve Regina Mater Misericordiæ*.

Notre Dame de Lourdes, étoile du matin, priez pour nous.

LE TRÉSOR DE LA BASILIQUE

Le trésor de la Basilique est situé dans la sacristie de gauche, on peut le visiter sur simple demande.

De nombreux ex-voto y sont déposés en particulier un tableau représentant une guérison. Au plafond est suspendue une superbe bannière de soie bleue représentant la Vierge Immaculée offerte par Monseigneur le duc d'Alençon en mémoire de Madame la duchesse d'Alençon, morte au bazar de la Charité victime de son dévouement à toutes les bonnes œuvres.

Un tapis véritable œuvre d'art exécuté à Blois, brodé par les dames de France dû à la généreuse initiative de Monsieur l'abbé Boyer de Saintes. Cette vaste tapisserie (mesure 50 mètres carrés) aux couleurs variées est semée de beaux lys, symbole de l'Immaculée-Conception. Au centre un glorieux médaillon présente les armes glorieuses de Pie IX et les armes séculaires de France, elles reposent sur des branches d'épines représentant l'églantier de la Grotte. Ces armes sont encadrées par le rosaire de la Vierge. Le grand médaillon est entouré de huit autres médaillons, quatre représentent les armes des villes de Tarbes et de Lourdes de Messeigneurs Jourdan et Laurence. Sur les quatre autres médaillons apparaissent les grands symboles qui figurent l'action de la Mère de Dieu.

La lampe offerte à Notre-Dame de Lourdes par les diocèses de Viviers et de Valence est en argent doré. Sur ses flancs courent des rinceaux émaillés où fleurit l'églantine, il est couronné par des fleurons réguliers étincelants de pierreries. Trois écussons à fond d'azur représentent la Nativité.

Le cristal où brille la lumière est entouré d'un diadème de douze étoiles, sur le bandeau émaillé en caractères d'or ces paroles de saint Jean : En Lui était la vie et la lumière des hommes.

A citer encore un coussin offert par la ville de Louvain portant en or tous les instruments de la passion de Notre-Seigneur Jésus-Christ. Une quantité d'ornements rivalisant de richesse et de beauté.

Le rosaire d'or de Poitiers, le raisin d'argent reconnaissance des vignerons, une petite statue de Notre-Dame de Lourdes, faite avec les racines du rosier de l'apparition.

L'encrier et la plume de Sa Sainteté le Pape Pie IX. La Palme offerte par les habitants de Majorque à Pie IX qui porte l'inscription suivante : « De pieuses âmes de Majorque à Pie IX, martyr et confesseur. » Un rosier d'or offert par Pie IX à la Vierge Immaculée.

Le trésor compte dix ostensoirs, vingt ciboires, soixante calices, le plus remarquable est celui du Brésil.

L'un des ostensoirs est incontestablement l'œuvre capitale de l'orfévrerie religieuse de notre époque, il sort des ateliers de M. Armand Caillat, de Lyon, il est dû à la piété d'un généreux donateur resté inconnu et enrichi de pierreries venues de tous les points du monde. Son élévation est de 1 m. 30, il pèse 16 kilogs, il est enrichi de 1,033 diamants et de 2,810 autres pierreries. Son poëme est l'Immaculée-Conception donnant au monde le Dieu de l'Eucharistie.

Sur le pied, se déroulent quatre scènes se rattachant au dogme de l'Immaculée-Conception. Adam et Eve agenouillés devant la Vierge qui écrase la tête du serpent. Judith présentant la tête d'Holopherne au peuple étonné, le couronnement d'Esther, la proclamation de la bulle *Ineffabilis Deus* par Pie IX. La Hampe, palmier monumental, est terminée par des crosses où quatre anges sont assis ; leurs mains portent la nimbe où est la Sainte Hostie. La nimbe représente saint Joseph, patron de l'Eglise universelle. Notre-Dame de Lourdes, admirable figure d'argent où les broderies en émail blanc et bleu de la robe, de la ceinture et du voile achèvent de peindre la Vierge de Massabielle. La nimbe de l'hostie est divisée par seize médaillons ; au revers, autant de sujets des litanies de la Sainte Vierge ; au devant les quinze mystères du Rosaire ; La Vierge tenant la croix. De cette rosace irradient trente deux lis en diamants, sept faisceaux de topazes roses et de perles fines. Enfin, quatre aigles planent au-dessus de la custode où repose le corps du Christ ; ils entourent la croix qui domine l'œuvre toute entière et qui en résume pour ainsi dire toutes les beautés par sa forme magistrale, ses ciselures, ses émaux et sa joaillerie.

La couronne de Notre-Dame de Lourdes qui devait être la couronne de l'Immaculée-Conception est une merveille. Elle compte sept cent quatre-vingt-douze diamants de différentes grandeurs. Elle semble ainsi représenter cette couronne de pierres précieuses dont parle l'office de l'Immaculée-Conception.

Le bandeau en cercle d'or qui forme la base de la couronne représente sur tout son pourtour une branche de rosier sauvage, ornée d'un feuillage gracieux et portant douze fleurons.

Le centre de chacun est occupé par un diamant. Du bord du bandeau et alternant avec les églantines, douze lis d'or avec leurs feuilles lancéolées, deux boutons non encore éclos, et, au sommet, une fleur épanouie terminée par un petit diamant. Au pied de chaque tige, reliés par un anneau orné d'un diamant, deux arcs gothiques ; ils forment au dessus de la branche d'églantine, une sorte de baie à trois rayons, ceux-ci sont garnis d'un petit diamant qui part d'un diamant plus gros.

Telle est l'œuvre exécutée pour N.-D- de

Lourdes par M. Mellerio de Paris. Comme on le voit, c'était un poème, un hymne en l'honneur de la Vierge Immaculée qui avait été conçu digne de l'habileté et de la réputation de la maison qui l'a exécuté.

Notre-Dame de Lourdes, reine du ciel et de la terre, priez pour nous.

LA BASILIQUE DU ROSAIRE

Malgré ses vastes dimensions, la Basilique, capable de contenir quinze cents personnes ne suffisait plus à abriter la multitude des pèlerins.

Aussi, dès l'année 1876, on pensa à élever un nouveau sanctuaire. Le titre était indiqué par la Vierge elle-même, le chapelet qu'elle tenait à la main et puis faisait réciter à Bernadette et à la foule appelait le Rosaire.

Les plans dûs à un architecte de Paris, M. Hardy, furent adoptés et la première pierre fût posée et solennellement bénite en 1883 par son Eminence le cardinal Desprez, archevêque de Toulouse. Terminé en 1889, l'édifice fut bénit par Mgr Bourret, évêque de Rodez, qui l'appela la signature marmoréenne des apparitions de N.-D. de Lourdes, mais l'intérieur était encore à faire.

Elle est située au niveau de l'Esplanade, deux magnifiques rampes cirulaires s'élèvent en fer à cheval, forment autour du portail une vaste place du plus grandiose effet. Elles vont retrouver l'entrée de la Basilique en contournant la coupole. Un escalier intérieur et un bel escalier de marbre mettent en communication la Basilique et le Rosaire.

On accède à l'église du Rosaire par plusieurs marches. Au-dessus de la porte d'entrée est un très beau groupe de marbre représentant saint Dominique recevant le rosaire des mains de la Mère de Dieu. Le monument n'a pas à proprement parler, de style. C'est une vaste rotonde recevant la lumière par une lanterne formant le dôme. Il n'y a pas un seul vitrail. Cette particularité donne à l'ensemble un cachet étrange. Une grande partie de sa profondeur qui est de cinquante mètres est prise dans la masse rocheuse qui domine la basilique. La largeur est de cinquante six mètres. Le dôme a une hauteur de seize mètres, sa surface est de deux mille cinq cent mètres, elle peut contenir de six à huit mille pèlerins.

Un parquet de chêne remplace le dallage habituel. Le grand avantage qu'offre la forme du Rosaire est que les pèlerins peuvent voir l'autel de toutes les parties de l'édifice, aucun pilier ne vient intercepter la vue. De très belles orgues ont été installées.

Tout au tour sont quinze chapelles dédiées aux quinze mystères du Rosaire. A l'entrée, une chapelle privée, dédiée à saint Joseph, où se font les réunions de l'hopitalité de N.-D. de Lourdes.

On accède au maître autel, par plusieurs marches, enfermé par un très beau pourtour de marbre. De chaque côté, deux belles chaires de marbre blanc.

Le maître-autel dédié à l'apparition de la Vierge Immaculée est en marbre de Carare auquel se mêlent les marbres rouges et jaunes qui rappellent les mystères du très saint Rosaire. Elevé sur trois marches de granit rose de Bourgogne, recouvertes d'un superbe tapis, qu'a offert tout récemment la famille de Mérode, le tombeau de l'autel étincelle des reflets d'or et des émaux. A droite et à gauche, deux pilastres aux veines blanches, deux gracieuses colonnettes en vert antique, aux chapiteaux de bronze. Sur la pourpre des pilastres, un paon dans toute sa splendeur.

Au milieu du tombeau, agrémenté d'églantines roses, N.-D. de Lourdes en bronze doré, faisant glisser entre ses mains les grains d'un chapelet. Bernadette, à sa droite, attentive, un chapelet d'une main, un cierge de l'autre ; à sa gauche, un ange incliné.

Bernadette et l'ange sont exécutés en bronze, recouvert d'or vert-jaune et rouge de broderies délicates. Au-dessous, une floraison de roses et cette inscription : *Quasi plantatio rosœ in Jéricho.*

La table de l'autel est en marbre blanc de Carare. Le rétable est formé par le marbre jaune de Sienne au-dessus duquel courent d'exquis rinceaux en bronze doré, d'où s'échappent des nombreuses églantines rouges ; vers le centre, des grappes de raisin et une gerbe de blé que viennent becqueter quatre colombes. Entre ces rinceaux, le tabernacle qui frappe par son incomparable blancheur. Sur la porte du tabernacle, des églantines, la croix, le chapelet et le monogramme de Marie. Son entrée est accostée de deux colonnettes en marbre rouge. Le tabernacle est couronné d'églantines jaunes.

Derrière l'autel, une stèle en marbre blanc-vert de Campan, sur une assise jaune de Sienne, supporte le socle en onyx blanc marbre des Pyrénées. Le socle en onyx qui sert de piédestal à la Vierge-Immaculée, est de toute beauté, il est encore rehaussé par des églantines et des palmes en bronze doré. Au dessus, se dresse, aérienne et d'un éclat incomparable, drapée dans son vêtement d'or, la Vierge-Immaculée Notre-Dame de Lourdes.

Les autels des quinze chapelles sont des merveilles d'art religieux ; ce sont des ex-voto offerts par des familles et par des nations, en particulier la Belgique, l'Autriche, l'Italie, l'Amérique, etc. La décoration des chapelles est en mosaïque, il y a actuellement de finies : l'Annonciation, la Visitation, la Nativité, l'Ascension, l'Agonie de Notre Seigneur Jésus-Christ offerte par une famille princière de Russie en mémoire de leur mère.

Telles sont, en résumé, les merveilles de foi et d'amour que produit la Vierge Immaculée. Ce temple qu'elle avait demandé, la piété le lui fournit vaste et splendide, tantôt en haut du rocher, comme un hymne éclatant, tantôt dans les flancs du rocher pour attirer les âmes à la prière et au recueillement.

Les ambitions de Notre-Dame de Lourdes semblent avoir été dépassées, aussi n'est-il pas étonnant qu'elle réponde à cette surabondance d'amour par une surabondance de bienfaits.

Notre-Dame de Lourdes, Reine du Très-Saint Rosaire, priez pour tous vos enfants.

LA SOURCE MIRACULEUSE

Le 25 février 1858, la Belle Dame, après avoir confié un secret à Bernadette, lui dit : « Et maintenant, allez boire à la fontaine et vous laver et manger l'herbe qui pousse à côté. »

Bernadette se dirige vers le Gave. « N'allez point là, dit la Vision. Je n'ai point dit d'aller boire au Gave, mais à la fontaine, elle est ici. » D'un signe, elle lui indique le côté droit de la grotte. La Voyante se mit à gratter le sol et à la place désignée, l'eau paraît. Sous les doigts de l'enfant une fontaine avait jailli, c'était une eau mêlée de terre, et, sur un nouveau signe, Bernadette en recueille plein la main, l'approche de ses lèvres pour en boire, et, par trois fois, prise de dégoût, l'éloigne ; enfin, elle se décide à boire de ce mélange bourbeux, cueillit une pincée d'herbes qu'elle mangea et revint à sa place. La Vision disparaît. Dès le soir, la source miraculeuse jaillissait et cette eau mystérieuse opérait des prodiges.

La fontaine miraculeuse, afin de permettre l'accès de la Grotte, a été couverte et amenée sur le devant où elle s'écoule par trois robinets dans un bassin ; au-dessus une borne en marbre gris des Pyrénées où sont gravées les paroles de la Vierge à Bernadette : « Allez boire à la fontaine et vous y laver. » Les jours de grande affluence, cette fontaine est aussi couverte et une partie de l'eau conduite aux piscines et l'autre portée pour la commodité des pèlerins à une vaste fontaine où elle s'écoule par douze robinets. Les fontaines sont souvent inabordables jusqu'à la nuit close, tant sont nombreuses et avides les lèvres qui veulent étancher leur soif et les pèlerins pressés de puiser l'eau de la fontaine et de l'emporter. Ils obéissent ainsi aux paroles de la Vierge à Bernadette.

Les effets merveilleux de cette eau étaient encore plus difficiles à admettre que son apparition. On fit appel à la science, on la somma de trouver dans cette eau des propriétés analogues à celles qui font la réputation des Pyrénées. Le chimiste chargé d'examiner cette eau justifia les espérances de ceux qui l'avaient choisi. La science médicale, dit-il, aux termes de son rapport du 6 mai, ne tardera peut-être pas à reconnaître à cette eau des vertus curatives qui pourront la faire classer au nombre de celles qui forment la richesse minérale de notre département.

L'indignation publique fut telle que, huit jours après, le maire la fit examiner de nouveau. Soumise à l'examen de différents chimistes, elle fut reconnue eau ordinaire. Le 7 août 1858, le professeur Filhol, de la Faculté de Toulouse, déclarait qu'elle pouvait être bue sans inconvénient. Cette eau ne renferme aucune substance capable de lui donner des propriétés thérapeutiques marquées. Jusqu'à ce jour, la science n'est pas encore venue démentir aucune des déclarations de M. Filhol. On niera les guérisons, on les attribuera à d'autres causes, mais on n'invoquera plus la vertu naturelle de cette eau. La source donne cinq mille litres à l'heure.

A côté de la fontaine miraculeuse, une plaque de marbre portant l'inscription suivante :

L'an de grâce 1858, dans la grotte de Lourdes, dite de Massabielle, au creux du rocher où l'on voit la statue, la Sainte Vierge apparut dix-huit fois à Bernadette Soubirous : les 11 et 14 février, chaque jour du 18 février au 8 mars, deux jours exceptés; le 25 mars, le 7 avril, le 16 juillet, la Sainte-Vierge dit à l'enfant : « Voulez-vous me faire la grâce de venir ici pendant quinze jours? »
« Je ne veux pas vous rendre heureuse en ce

monde, mais dans l'autre. » « Je désire qu'il
vienne ici beaucoup de monde. » La Sainte Vierge
dit pendant la quinzaine : « Vous prierez pour
les pécheurs. » « Vous baiserez la terre pour les
pécheurs. » « Pénitence, pénitence, pénitence. »
« Allez dire aux prêtres qu'il doit se bâtir ici une
chapelle. » « Je veux qu'on vienne ici en procession. Allez boire à la fontaine et vous y laver
vous mangerez l'herbe qui est à côté. Le 25 mars,
la Vierge dit :

JE SUIS L'IMMACULÉE-CONCEPTION.

Miracle de puissance, l'apparition de la source
fut encore un miracle de bonté, Marie ne se
contentait pas de nous appeler à la pénitence,
elle voulait nous en fournir les moyens. Que
d'autres soient frappés des merveilles qu'elle
opère par la guérison des infirmités corporelles,
l'âme chrétienne doit reconnaître ici une signifi-
cation plus haute : la purification, la guérison
des âmes.

Accourons tous nous désaltérer à cette source
et nous plonger dans ces ondes salutaires, Marie
nous y invite.

Mère de Dieu et des hommes, elle nous invite
à la pénitence, elle nous y dispose, elle nous en
fournit les moyens et c'est elle encore qui nous
l'obtiendra. Nous avons péché et souillé notre
robe d'innocence, cette eau nous purifiera, notre
âme est atteinte de mille infirmités, elle nous
guérira. Sachons humilier notre orgueil et mor-
tifier nos sens : comme Bernadette, inclinons-
nous la face contre terre, buvons cette eau
parfois répugnante, mangeons, nous aussi, l'herbe
amère et le divin sourire de Marie descendra sur
nos cœurs comme un gage de paix et de réconci-
liation.

Notre-Dame de Lourdes, secours des chrétiens,
priez pour nous !

LES PISCINES ET L'HOSPITALITÉ
DE N.-D. DE LOURDES

Près de la Grotte, se trouvent les piscines édifiées en 1892. Elles se composent de trois salles : une pour les hommes, une pour les dames, une pour les enfants ; l'eau n'est renouvelée que trois fois par jour, vers onze heures, trois heures et six heures. Le matin, jusqu'à six heures et le soir, de sept à neuf heures, les personnes bien portantes y sont admises. Tout le reste du temps, elles sont réservées aux infirmes.

L'intérieur est des plus simples. Il est dit que tout préparatif aura été négligé et que la foi seule peut donner à Lourdes sa physionomie spéciale.

A Lourdes, rien de plus banal que les piscines, on a pris soin d'écarter tout ce qui pourrait tant soit peu séduire ou impressionner. Tout est à l'extérieur.

A peine le jour entre-t-il dans ces petites chapelles. Les murs sont nus et froids. Une toute petite image de la Vierge orne seule ce lieu. Les piscines sont partagées en deux par un rideau. Dans la première est le vestiaire. C'est là où sont déshabillés les malades. Quelques personnes peuvent prendre place dans ce carré étroit. L'autre partie est réservée à l'immersion. Au milieu, un bassin de deux mètres de long sur un mètre de large. A l'extrémité, deux gros robinets déversent l'eau.

Dans cette eau sont plongés les malades, quelles que soient leurs infirmités. Maladies contagieuses ou autres peu importe les croyants se laissent plonger dans la piscine et l'on ne cite pas un cas où quelqu'un ait été contaminé. C'est là encore un grand miracle et plus d'un sceptique hésiterait à prendre un bain après un malade couvert d'ulcères, et cependant pendant plusieurs mois de l'année c'est par milliers que l'on peut enregistrer de ces exemples merveilleux.

Chaque piscine comprend trois baignoires de marbre où l'on descend par plusieurs marches. Les trois compartiments de baignoires fonctionnent sans discontinuer.

Les malades sont plongés par les brancardiers et les dames hospitalières qui se dévouent gratuitement. D'après le genre de maladie l'on se sert pour baigner les malades de la courroie ou du drap percé. Si le malade peut le supporter on lui place une courroie sous les jambes et l'autre sous les reins, l'extrémité est tenue par quatre personnes. Les autres malades sont déposés sur le drap.

Avant pendant et après l'immersion des prières sont récitées. Avant, le choix des prières, est laissé aux personnes qui accompagnent les malades. Ce sont toutes des prières à la Vierge. Lorsque le malade est déshabillé, brancardiers ou dames hospitalières l'entourent et on lui fait réciter l'acte de contriction, pendant l'immersion les prières suivantes sont dites. Ce sont les seules expressément indiquées.

Bénie soit la Sainte et Immaculée Conception de la Bienheureuse Vierge Marie, Mère de Dieu.

Notre-Dame de Lourdes priez pour nous. Ma mère ayez pitié de nous.

Notre-Dame de Lourdes guérissez nous pour l'amour et la gloire de la Sainte-Trinité.

Notre-Dame de Lourdes guérissez nous pour la conversion des pécheurs. Santé des infirmes priez pour nous. Secours des malades priez pour nous,

O Marie conçue sans péché, priez pour nous qui avons recours à vous.

Toutes ces invocations sont répétées trois fois.

Lorsque le malade le peut, il récite lui-même

ses prières, les autres, les paralytiques, les muets
ou bien ceux dont l'état de prostration est trop profond, prient du regard. Certains font des efforts
inouïs pour joindre les mains et la foi illumine
tous ces pauvres visages pâlis par de longues
souffrances, et la résignation apparaît en eux
dans sa sublime beauté. Les poitrinaires surtout,
ont des regards qui effraient et qui troublent. Les
personnes qui ont des malades et qui savent
quelles précautions sont nécessaires pour éviter
le plus léger refroidissement pourront comprendre tout ce qu'il y a de miraculeux dans cette
immersion, le malade n'est pas toujours guéri
mais l'eau froide ne l'a pas tué et nous avons vu
de ces êtres perdus se traîner ensuite à la Grotte
et prier longuement celle qui sourit toujours à
ceux qui ont foi en sa parole. De pauvres infirmes
souffrant de rhumatismes viennent aussi et au
grand étonnement des sceptiques se plonger dans
la piscine. Et le défilé continue, les maladies les
plus étranges, les plus horribles présentent tout
ce que la terre peut produire de plus difforme et
de triste, tout cela se plonge dans l'eau, tout cela
prie et chante, et cependant loin de la foule qui
pourrait l'enthousiasmer.

Non, c'est la foi seule qui fait agir et les médecins étonnés regardent encore, ils examinent, ils
auscultent prennent des notes rédigent des rap-
ports et lorsque le miracle s'accomplit en entier,
lorsque le malade sort guéri de la piscine, il
s'écoule une minute solennelle où l'on se sent
effrayé et comme autrefois l'on a peur de mourir,
car il semble que l'on a vu Dieu. Il faut avoir
vécu cette minute pour comprendre ce senti-
ment.

Il ne s'agit plus de dogmes, ni de mystères que
l'église catholique enseigne, mais l'on se trouve
en présence d'un fait matériel que l'on peut cons-
tater et que l'on ne saurait nier.

Que le malade en effet sorte guéri ou non de la

piscine, il y a la dérogation aux lois de la nature et en tous cas pas un des sceptiques atteint de la plus légère bronchite ne voudrait même en été se plonger dans cette eau. Et cependant nous avons vu des moribonds se laisser plonger en hiver sans qu'une aggravation de mal s'ensuivit.

Au dehors pendant les immersions la foule prie demandant à Dieu par Marie le miracle.

Marie nous vous aimons s'écrie un prêtre à l'âme d'apôtre et la foule reprend après lui.

Vierge puissante sauvez nos malades. Seigneur sauvez nous, nous périssons. Seigneur si vous le voulez vous pouvez me guérir.

Le chapelet les bras en croix, le *Parce Domine* alternent avec ses traits de flammes unis aux oraisons jaculatoires.

Les larmes jaillissent des yeux, l'attitude des malades couchés sur leurs grabats est sublime de résignation et d'implorante pitié.

Les brancardiers vont, viennent affairés tous munis de larges bretelles de cuir jaune et à crochets d'acier sublimes portefaix de la divine Charité ne perdant rien pour cela de leur distinction sociale et native. Les dames hospitalières, la croix ou la médaille de l'hospitalité piquée sur leur corsage, papillonnent avec leurs ailes d'anges, se mettent en contact avec toutes ces plaies humaines, bien étrangement rapprochées on en conviendra et comme pour former un tableau décisif sur le cœur du suprême Maître des éléments et de la vie.

L'hospitalité de Notre-Dame de Lourdes qui se dévoue toute l'année aux malades, a des règlements sévères sur l'admission de ses membres et qui doit à cela son bon fonctionnement, l'esprit d'obéissance et de dévouement qui unit tous ses membres. Elle a ses réunions particulières dans la chapelle de Saint-Joseph au rosaire. Elle est ainsi constituée.

Directeur Révérend père Burosse de l'Immaculée Conception,

Président M. le Baron de Malet.

Secrétaire, M. E. Christophe, vice-consul de Belgique.

Présidente des dames, mademoiselle de Taffin.

Disons aussi un mot de l'hospitalité de Notre-Dame de Salut qui ne fonctionne que pour le pèlerinage du mois d'août.

Les membres de cette association doivent accompagner à Lourdes les malades nécessiteux, pendant le pèlerinage national, les nourrir, les baigner, et leur procurer tous les soins désirables, les brancardiers les transportent à la gare, à la Grotte, aux piscines, à l'hospice Notre-Dame des Douleurs. Elle est ainsi constituée.

Président, M. Charles de Cahuzac.

Secrétaires. MM. Cabanis et E. Christophe.

Lourdes est là, plus rien après que les monts et les gorges.

Lorsque le voyageur fatigué s'arrête sur cette colline et contemple le paysage, il lui vient à l'âme une impression de calme profond. C'est une espèce de fascination que l'on subit, fascination dont beaucoup essaient de se défendre sans pouvoir y parvenir,

Bien des critiques ont été faites sur Lourdes. Pendant de longues années, les légendes les plus ridicules ont été mises en cours, l'on a tout tenté pour étouffer ces manifestations et cependant elles continuent. Lourdes est là, souriante, à l'entrée de la merveilleuse vallée qui conduit à Pau.

Les églises se dressent superbes et les foules viennent s'agenouiller devant la Grotte dorée par le grand soleil du Midi et où règne en souveraine la Vierge Immaculée.

Notre-Dame de Lourdes santé des infirmes, priez pour nous.

LE BUREAU DES CONSTATATIONS
MÉDICALES

Depuis quelques années on a créé à Lourdes un bureau des constatations médicales toujours ouvert pendant les pèlerinages.

Cette clinique, installée auprès de la grotte est certainement une des créations les plus étonnantes de notre époque. Dès leur origine, les faits extraordinaires de Lourdes n'échappèrent pas au contrôle de la science. Le docteur Dozous assistait fréquemment aux extases de la voyante, il constata le miracle du cierge ainsi que les premières guérisons.

Nous avons vu la science intervenir dans l'analyse de l'eau de la source et dans l'examen de l'état mental de Bernadette.

De ces hommes de science, tous sceptiques ou incrédules, les uns se convertirent, d'autres restèrent hésitants ou hostiles. Il fallait empêcher que l'œuvre divine ne se perdit dans le discrédit que lui créaient la naïveté des uns et la mauvaise foi des autres, il fallait que la vérité se dégageât de l'illusion et du mensonge, que nul miracle ne fût présenté qui n'offrit des garanties scientifiques incontestables.

De là, l'ouverture de la clinique de Lourdes sans programme arrêté par M. le docteur de St-Maclou qui la dirigea le premier et ne pouvait rêver pour elle, à son début, de si hautes destinées. Après plusieurs années d'une vie toute adonnée au travail et à la piété, Dieu le rappela le 10 septembre 1891. Ce fut le docteur Boissarie, son fidèle et dévoué collaborateur, qui lui succéda. L'éloge du docteur Boissarie n'est plus à faire ; sa haute compétence scientifique, sa piété et son zèle sont employés à continuer l'œuvre du docteur de Saint-Maclou.

Laissons le directeur du bureau des constatations nous en faire lui-même la description. De la construction en planches qu'il occupait au début, le bureau s'est transporté dans le superbe local aménagé tout exprès sous la rampe droite de l'église du Rosaire. Il y a là quatre pièces fréquentées chaque jour par de nombreux médecins et d'innombrables malades ou guéris. De huit à onze heures et de une à six heures, les docteurs se rencontrent, travaillent, examinent, discutent, étudient. Aux heures des constatations, la clinique est remplie à la fois de calme et de vie. Tout le monde travaille en silence. La première salle sert de cabinet d'attente aux malades, aux guéris. C'est là que les bénis de la Vierge viennent chercher refuge contre les enthousiasmes de la foule, c'est là que les malades viennent se faire examiner avant de descendre dans les piscines.

Les deux salles suivantes servent à l'examen approfondi des guéris. Les cas vraiment extraordinaires sont étudiés avec une minutie remarquable. Les opinions sont exprimées avec la plus grande liberté, les guéris et les témoins soumis à des interrogatoires minutieux. Souvent on invite les guéris à repasser les jours suivants, on les soumet à de nouveaux examens à des enquêtes plus complètes, on charge un médecin de la conduite des recherches.

Tous les médecins qui se sont présentés à la clinique ont été admis et tous ont rendu hommage à l'impartialité vraiment scientifique qui préside aux examens médicaux.

Nous les avons vus depuis venir plus nombreux au bureau des constatations, et aujourd'hui la foi attaque ce bloc qui semblait à jamais inerte, le médecin catholique n'est plus une individualité isolée, il constitue une masse. De là est née la société de Saint-Luc fondée avec neuf membres il y a dix-neuf ans et a aujourd'hui dix mille adhérents parmi lesquels les noms les plus illustres. Les médecins ont à Montmartre une chapelle, la messe s'y dit le premier vendredi du mois.

Une faculté de médecine s'est fondée à Lille, et au mois de septembre 1901, Monseigneur Schœpffer, évêque de Tarbes, bénissait une statue de Saint-Luc offerte par les médecins chrétiens et placée au haut du bureau des constatations.

Le résultat obtenu par le bureau des constatations est ce qu'on pourrait appeler la vulgarisation des miracles de Lourdes. Les journaux les plus sceptiques relatent avec émotion et respect nos grands pèlerinages. Le monde revient à la foi, à la pratique sur la fin de ce siècle que l'Immaculée Conception a rempli de prodiges qui méritera de porter son nom dans la postérité.

Notre-Dame de Lourdes dispensatrice des dons de Dieu, priez pour nous.

LA PROCESSION DU SAINT-SACREMENT

Chaque pèlerinage a toujours dans son programme une procession solennelle du Saint-Sacrement. Bien des fois j'ai entendu les premiers témoins de Lourdes dire qu'au début cette procession n'avait pas lieu.

Le pèlerinage national était à Lourdes depuis plusieurs jours et n'avait aucun miracle, un prêtre zélé propose une procession du Saint-Sacrement à l'extérieur et la bénédiction des malades.

La proposition fut acceptée ; la procession eût lieu et les miracles nombreux, de ce jour la procession du Saint-Sacrement eût lieu presque tous les jours.

Il est quatre heures, les malades sont rangés sur l'esplanade devant le rosaire, on dirait un vaste champ de bataille. Toutes les maladies se sont donné rendez-vous, malades couchés sur leurs brancards, infirmes dans leurs petites voitures, aveugles, sourds-muets, paralytiques attendent avec confiance le passage du Dieu de l'Eucharistie.

La procession part de la Basilique, descend la rampe droite du Rosaire, va à la Grotte revient ensuite sur l'Esplanade où le Saint-Sacrement bénit chaque malade et rentre ensuite au Rosaire. C'est alors qu'il convient de faire appel à la double haie de brancardiers pour permettre à l'arche sainte qui s'avance sous le dais, une traversée pas trop accidentée au milieu de cette foule.

Certes pas plus que la piété la docilité ne fait défaut aux pèlerins, mais comment résister à des poussées dont personne n'a conscience surtout lorsque le miracle éclate, il est nécessaire de se défendre par une double chaîne. « Serrez vos rangs encore » et les bras solidement noués des brancardiers choisis parmi les plus vigoureux forment une espèce de mur, épaule contre épaule, les bras liés à la taille et au cou. On ne saurait nier les services rendus par cette légion d'hommes généreux, si admirablement disciplinés et parmi lesquels, il serait possible de citer des personnages de la plus haute ligne.

Les hommes composent seuls la procession portant bannières et étendards. Suit un nombreux clergé pas moins de deux cents prêtres en simple soutane, une centaine en surplis, une vingtaine revêtus de chasubles tous portent un cierge allumé, tous chantent le *Lauda Jérusalem Dominum.* Les encensoirs laissent exhaler leurs parfums et se balancent devant le Saint-Sacrement que portent les mains vénérables du Prélat officiant.

La marche du Saint-Sacrement est de plus en plus triomphale, les cloches sonnent à toute volée, les musiques, fanfares, alternent avec les chants, puis le cortège vient se ranger sur le perron du rosaire, pendant que le Saint-Sacrement visite chaque malade; c'est le moment de la supplication et des miracles. Dès que le dais apparaît, on surprend sur le visage des malades, une attente anxieuse. Dès son apparition, il est acclamé par une voix solennellement retentissante à faire frissonner de la tête aux pieds, *Hosannah, Hosannah* au fils de David,

Hosannah, Gloire au Très-haut. Seigneur nous croyons en vous. Vous êtes notre Dieu, notre Maître, notre Roi.

Seigneur si vous le voulez vous pouvez me guérir.

Seigneur souverain maître de la santé et de la vie, guérissez nos malades.

Et alors quel délire, quels cris de joie traduits par le *Magnificat,* lorsque les malades quittent leurs grabats, leurs voitures et suivent le Saint-

Sacrement au Rosaire, et comme les brancardiers ont besoin de faire la chaîne pour les protéger contre la foule qui veut voir le miracle et suivre l'heureux guéri à la Grotte et au bureau des constatations. Cette scène est impossible à décrire.

Quelle doit être l'attitude du chrétien en face des miracles de Lourdes.

Ne les admettre et les produire qu'avec sagesse et discrétion. N'admettre avec l'Eglise et après le bureau des constatations que les miracles certains présentant toutes garanties.

Le nombre importe peu. L'honneur chrétien, l'honneur de Marie sont engagés, ils réclament de vaillants défenseurs.

Notre-Dame de Lourdes mère de la divine grâce, priez pour nous.

PROCESSION AUX FLAMBEAUX

Pour achever pour couronner une journée à Lourdes, il nous reste à suivre une procession aux flambeaux que chaque pélerinage organise lorsque le temps le permet.

Certes c'est une grandiose cérémonie, disons plutôt un éclatant apothéose. A 7 h. 1/2, réunion à la Grotte où le chapelet est récité, le compte-rendu de la journée fait. Départ de la procession.

On se range au pied de la grille, l'entassement est tel qu'on étouffe comme dans un étau. Chacun est muni d'un cierge enveloppé d'un papier blanc roulé en forme de cornet portant en bleu l'image de l'Immaculée-Conception.

L'horloge de la Basilique tinte huit coups impatiemment attendus, c'est le signal. Aux vives clartés s'ajoute le cantique ravisssant refrain connu. C'est une foule d'harmonie. On monte les lacets. Les bannières s'agitent suivies par les diverses paroisses qu'elles représentent. Les *Ave Maria* redoublent, sans doute il y a l'inévitable heurt des groupements chantant diversement espacés, mais quelle note d'ensemble sous le souffle d'un éminent et saint enthousiasme.

La procession passe devant la maison des Révérends Pères, descend les rampes du Rosaire, suit l'Esplanade, va à la Croix des Bretons brillamment illuminée et vient se masser aux pieds de la Vierge couronnée devant le Rosaire.

La Vierge couronnée ruisselante de feux montre son doux sourire auréolée d'un diadème d'étoiles tandis qu'à ses côtés montent en un gracieux cordon deux gerbes de fleurs blanches et roses aux pétales de flamme. Le Rosaire, les rampes et la Basilique brillamment illuminés apparaissent comme une apothéose au-dessus des milliers de cierges.

Alors retentissent les cantiques, le *Magnificat*, le *Credo* terminant tous ces chants jusqu'à une heure avancée.

L'enthousiasme est à son comble. Nous sommes loin de toute idée de malaise et d'affliction ce n'est pas un peuple, c'est une cour royale en parade. En tous les cas les âmes sont en fête et chaque front reflète l'image du bonheur.

Ave, Ave, Ave Maria.

LE CALVAIRE

En descendant les escaliers de la Basilique, un large chemin s'ouvre en face et après mille détours vous conduit au sommet des Spélugues, 100 mètres d'élévation. Dans la montée quatorze croix de bois figurent les stations du chemin de la Croix.

La croix du sommet est en bois de cèdre de Jérusalem.

Un autel avec Christ est aussi sur le sommet.

Il est bien rare que chaque pèlerinage ne fasse solennellement le chemin de la Croix. Chaque station est commentée par un prêtre, au sommet une allocution sur le mystère de notre Rédemption est faite aux pèlerins par le directeur du Pèlerinage.

La descente devient intéressante et pittoresque en s'effectuant par le passage devant les grottes des Spélugues dont les longs couloirs constituent une partie du sentier à suivre.

Les voix redevenues libres, la haletante escalade finie, s'en paient à cœur joie, surtout dans les cavités rocheuses qui en développent si avantageusement les qualités sonores par le fait de leur surprenante acoutisque.

Dans les Spélugues se trouvent trois ouvertures fermées par une robuste grille. On peut entrer visiter. A l'entrée de la première salle un bon vieillard vend des chapelets, images, médailles, cierges, petits livres. Dans le fond de la salle un autel en marbre se dresse au milieu, sur l'autel est placé une descente de Croix, la Vierge reçoit Notre-Seigneur dans ses bras. Dans la Grotte contigüe une autre statue représente sainte Marie Madeleine.

Au détour du sentier après avoir quitté les grottes, un Christ cloué sur une croix en bois et au pied une Vierge en pleurs et saint Jean le disciple de prédilection. On aperçoit le cimetière des Révérends Pères missionnaires de l'Immaculée-Conception. La descente est terminée, on salue en passant le châlet de Monseigneur l'évêque de Tarbes, la résidence des missionnaires devant laquelle s'ouvrent les lacets qui vous conduisent à la Grotte, et à la magnifique allée d'arbres qui sert de promenade aux pèlerins et bien souvent aux dîners champêtres.

Le 5 octobre 1901, grâce au zèle ardent de Monseigneur Schoepffer, évêque de Tarbes, la première station du chemin de Croix monumental dû à la générosité de l'ancien évêque Monseigneur Billière, de vénérée mémoire a été inaugurée en présence de leurs Eminences le cardinal Langénieux archevêque de Reims et le cardinal Goossens archevêque de Malines, et de tous les évêques venus pour les fêtes de la consécration du Rosaire.

Cette première station représente Jésus devant Pilate, le groupe fort nombreux est très bien rendu, on y accède par la Scala Sancta, il a figuré à l'exposition de 1900 est dû au ciseau de Raffl, l'éminent statuaire de la rue Bonaparte.

A quatre heures, le cortège des évêques se rendait processionnellement au Calvaire suivis par une foule immense au chant du cantique : Puissant roi des rois mort pour nous sur le calvaire.

Le coup d'œil est ravissant en face de ce vaste horizon et de ces belles montagnes. Il l'est surtout, lorsqu'au pied du magnifique groupe, les cardinaux et les évêques ont pris place sur une tribune aux tentures rouges et que l'immense multitude des fidèles, après avoir rempli les sentiers et les terre-pleins du Calvaire, s'est accrochée aux rochers et aux arbres qui en couvrent les flancs.

Cependant, une ravissante voix d'enfant module ces mots de la célèbre passion de Gounod : « Au chemin du Calvaire, vous qui passez, pécheurs, voyez la triste mère, contemplez sa misère » pendant qu'un chœur à quatre voix exécute un majestueux *Adoramus te Christe*. Les chants se sont tus, et dans un ambon recouvert de teintures grenat, a paru un humble enfant de saint François, un éloquent capucin, le R. P. Bruno.

Après avoir constaté que les montagnes avec leurs sites grandioses chantent l'immensité divine et font monter les âmes vers le Créateur, que Dieu les choisit de préférence pour y manifester sa puissance et son amour, le P. Bruno établit que Marie dans les divers sanctuaires qu'elle s'est choisis a agi de même. Le sanctuaire de N.-D. de Lourdes n'est-il pas la démonstration saisissante de cette vérité. Après avoir parlé du chemin de croix, l'orateur développe les pensées suivantes : Notre-Dame de Lourdes guérit à Lourdes les douleurs physiques et morales ; Elle fait comprendre, dans ce sanctuaire, le rôle de la douleur qui contribue puissamment à expier le péché et à faire remonter les âmes vers les sommets de la sainteté.

Dans un tableau aussi vrai que saisissant, le P. Bruno fait un rapprochement entre les diverses stations et les diverses phases de la vie humaine.

L'humble et éloquent fils de saint François s'est tu. Son Eminence le cardinal archevêque de Malines gravit les degrés de la *Scala sancta* et fait descendre les bénédictions de l'Eglise et de Dieu sur ce groupe dont la vue sera désormais pour les pèlerins de Lourdes une prédication des plus saisissantes.

Puis le cardinal Langénieux, le patriarche d'Antioche, l'évêque de Tarbes et les autres prélats vont successivement se ranger au haut de la plate-forme de la première station et, de là bénis-

sent solennellement la foule agenouillée à leurs
pieds.

Le cortège se reforme et les évêques rentrent
processionnellement au châlet en longeant une
épaisse haie de fidèles qui s'inclinent sous leurs
mains bénissantes, tandis que retentissent à nouveau les accents du cantique populaire « Puissant
Roi des rois, Du haut de ce bois, Daigne entendre
nos faibles voix. »

L'illumination du Rosaire et de la Basilique, la
procession aux flambeaux ont jeté sur les sanctuaires leur éclat triomphal et aux échos des
montagnes, l'inlassable cri d'amour des enfants
de la Vierge Immaculée : *Ave Maria*.

O Marie, mère de douleurs, ayez pitié de nous.

LA PRIÈRE A LOURDES

D'où vient que ceux qui ont la bonne fortune
de passer quelque temps à Lourdes y coulent des
jours si tranquilles et si heureux est ce parce que
vivant chez la Sainte Vierge ils ont le plaisir de
se moquer de la politique et du monde peut être.

Moi je crois surtout que parce que autour de la
Grotte miraculeuse, ils prient mieux. Je trouve
qu'à Lourdes la prière a un charme et un attrait
qu'elle n'a pas ailleurs. Aussi nulle part comme
auprès de la roche Massabielle je n'ai compris la
beauté de cette pensée du poète « Victor Hugo
dans sa jeunesse »,

> Tout âme vers un but incessamment retombe,
> L'aigle vole au Ciel, le vautour à la tombe,
> L'hirondelle au printemps, la prière au Ciel.

Les Pères de l'Eglise nous disent : « La prière
est une flèche qui part du cœur de Dieu de la
Vierge et des saints. » N'est-ce pas là ce que fait
le pèlerin de Lourdes. Il se recueille dans le
silence de la Grotte, dans l'obscurité de la Crypte,
sur les bords du Gave et puis il lance son oraison
vers Dieu prêt à recommencer encore et toujours
tant qu'il n'a pas réussi. De plus le pèlerin tombe
à genoux, il peut prier debout, mais la prière
agenouillée est plus digne de l'homme et de
Dieu. Un grand poète a dit :

Tout homme se grandit en tombant à genoux.

Ce phénomène se reproduit tous les jours à
Lourdes. Des libres-penseurs ou des indifférents
y viennent par curiosité et avant d'arriver ils
disent : « Nous ne ferons pas comme les pèlerins
ordinaires » et voilà que placés en présence de
cette grotte frôlée par Marie, ils ne peuvent résis-

ter au magnétisme divin, ils tombent à genoux comme les pèlerins ordinaires, ils prient, ils pleurent et parfois ils se relèvent convertis.

La **prière** est aussi notre instrument, quand nous **voulons** raconter à Lourdes les bontés de Marie. Au moment des grands pèlerinages quand des millions de poitrines entonnent ces chants suppliants qui provoquent les miracles, quand surtout éclatent ces hymmes célestes qui les proclament et qui disent à tous les échos les gloires de la Vierge Immaculée, ce moment a une solennité à nulle autre comparable. La Grotte, le rocher, la Basilique, tout semble prendre une voix pour donner sa note dans ce concert admirable en l'honneur de N.-D. de Lourdes.

Le soir surtout est le moment de la prière à la Grotte, on a dîné, on retourne à la Grotte pour répondre au chapelet qui se récite tous les soirs. C'est un bon moment pour prier même quand le temps est mauvais, il y a du monde. La pluie mouille les épaules des pèlerins, mais non les ailes de leur foi. La Grotte avec ses cierges allumés ressemble à une chapelle ardente. L'accès en est facile surtout quand les pèlerinages sont partis, on va se blottir sous son manteau de granit, dans un coin tranquille et protecteur et là on dit son rosaire pour ceux que l'on aime. Il arrive à certains moments qu'on est à peu près seul, rien ne trouble le silence de la Grotte, on peut se croire reçu en audience privée par la Sainte Vierge, et l'on profite de cet avantage pour lui faire ses confidences. Oh! alors comme on est heureux et comme on comprend à Lourdes mieux qu'ailleurs la nécessité de la prière.

Que dire maintenant des pèlerinages et grand spectacle de la prière continuelle, de la prière en commun qu'ils nous donnent.

C'est un spectacle réconfortant et bien cher à nos cœurs, car c'est le peuple qui prie, ce peuple que l'on voudrait rendre athée, et qui vient donner les plus vigoureux démentis. Enfin pour protester contre le respect humain, on le verra pousser à la folie les saintes hardiesses de sa foi.

Aussi Notre-Dame de Lourdes reste notre plus ferme espérance. Le Souverain Pontife a dit cette consolante parole : Non, la France de Notre-Dame de Lourdes ne peut pas périr.

Notre-Dame de Lourdes, ayez pitié de la France.

NOTRE-DAME DE LOURDES
DANS L'UNIVERS

———

Franchissant les limites de la France, la gloire de Notre-Dame de Lourdes s'est répandue dans l'Europe entière et de toutes parts les pèlerinages ont afflué. Au premier rang se trouve la catholique Belgique, où le culte de N.-D. de Lourdes a pris un caractère national et officiel.

Depuis vingt-cinq ans, la Belgique envoie à Lourdes un pèlerinage national et de nombreux pèlerinages particuliers. Les chapelles, grottes, statues de N.-D. de Lourdes sont nombreuses en Belgique.. Un des plus célèbres sanctuaires est celui de la grotte de N.-D. de Lourdes d'Oostaker où se produisent de nombreuses guérisons; la plus célèbre est celle de Pierre Rudder.

La Belgique a aussi un bulletin trimestriel qui relate les progrès du culte de N.-D. de Lourdes, une œuvre d'hospitalité pour le service des malades. Un vagon hôpital de dix-neuf mètres de long contenant vingt-quatre lits ou fauteuils, aux extrémités le service d'infirmerie et des cuisines, au centre une chapelle disposée de façon à ménager à tous les malades la vue du prêtre célébrant le Saint-Sacrifice. Les Belges sont remarqués à Lourdes par leur ardente piété et la beauté de leurs chants.

Après la Belgique mentionnons l'Italie. Les sanctuaires où N.-D. de Lourdes est vénérée sont fort nombreux. Le Souverain Pontife a dans son oratoire privé une Vierge de Lourdes œuvre d'orfévrerie, qui lui fut offerte par Monseigueur Langénieux, alors évêque de Tarbes. Dans les jardins du Vatican se dresse une grotte petite reproduction de Lourdes où Pie IX aimait à venir prier. Or en ces premiers jours du vingtième siècle Monseigneur Schoepffer, évêque de Tarbes, sollicite la générosité des fidèles pour offrir à Léon XIII une reproduction exacte de la grotte de Lourdes, dans les jardins du Vatican pour remplacer la minuscule grotte. Espérons que cet appel sera entendu et que Léon XIII pourra venir prier pour notre France devant cette grotte qu'elle lui aura offerte et sera toujours ainsi présent de cœur et de pensée à Lourdes comme il l'a dit à Monseigneur Schœpffer.

En Autriche, le culte de N.-D. de Lourdes fut inauguré par un religieux capucin le Père Méthodius en 1873. Grâce à sa sollicitude, les centres de dévotion ne tardèrent pas à s'établir en Thyrol, en Bohème, en Moravie : en 1881, quatre-vingts hongrois sont venus offrir à N.-D. de Lourdes une bannière d'une valeur de dix mille francs. Dans les années suivantes plus de six cents Autrichiens vinrent en pèlerinage et chaque année les voit revenir nombreux.

L'Irlande conduite par l'archevèque de Dublin, vint offrir une lampe d'or et une bannière verte portant l'image de l'apôtre du pays Saint-Patrice.

La Pologne a aussi offert une bannière en deuil ornée de toutes les madones si vénérées en ce pays.

Pour l'Espagne on peut dire qu'il n'y a point de Pyrénées, tant elle aime à les franchir pour visiter N.-D. de Lourdes.

Les Portugais viennent aussi très nombreux tous les ans.

La Bavière, l'Allemagne, Aix-la-Chapelle qui viennent demander à la Vierge de Lourdes l'unité dans la foi. Les Alsaciens Lorrains qui viennent demander à Marie de sécher leurs larmes de panser leurs blessures.

La Hollande dont les nombreux pèlerins se signalent par leur piété, leur générosité. C'est la

Hollande qui a pris la charge de la chapelle de la Flagellation dans l'église du Rosaire. La Suisse fait depuis longtemps son pèlerinage annuel. Les Russes viennent aussi fort nombreux. Les catholiques Anglais sont tous dévots à N.-D. de Lourdes.

Les Américains viennent aussi à Lourdes. Le 3 juillet 1876, on couronnait solennellement N.-D. de Lourdes à Wasingthon. A la Nouvelle Orléans, un magnifique monument est érigé en l'honneur de Notre-Dame. A Rio de Janeiro une grotte fut construite.

La Colombie, le Vénézuéla, ont offert une bannière à N.-D.

En Orient, le culte de N.-D. de Lourdes est très répandu.

Daigne la Vierge bénie regarder d'un œil favorable ces dissidents qu'attirent en ces lieux les renoms de ses bienfaits et les faire rentrer dans l'unique bercail du bon Pasteur.

Déjà les cœurs sont touchés ainsi que le témoignent ces réflexions que la reine de Roumanie (Carmen-Sylva), écrivait en 1892 à une amie. « Que c'est consolant de voir que dans un temps où le matérialisme et l'égoïsme ont presque tout desséché, il y a sur la terre de France un coin où l'on prie avec foi et charité, où les miracles s'opèrent, où la terre semble toucher au ciel. Les catholiques n'y vont pas seuls. On y voit des protestants, des grecs âmes croyantes, qui vont chercher à Lourdes un peu de consolation et d'espérance ce n'est pas le moindre miracle. »

O Marie achevez votre ouvrage.

Notre-Dame de Lourdes, Reine de l'univers, priez pour nous.

CONSÉCRATION
DE LA BASILIQUE DU ROSAIRE

Le 6 octobre 1901, la Basilique du Rosaire a été solennellement consacrée par son Eminence le Cardinal Langénieux, archevêque de Reims, délégué de Sa Sainteté le Pape Léon XIII.

Etaient présents à la Consécration et ont consacré les autels :

Son Eminence le Cardinal Langénieux, le maître-Autel dédié à l'apparition de la Bienheureuse et Immaculée Vierge Marie, les reliques enfermées dans le tombeau de l'autel (sainte Félicité, saint Vigilant).

Monseigneur Germain, archevêque de Toulouse, l'autel de l'Annonciation reliques de saint Félix et de sainte Spéciosa,

Monseigneur Hautin, archevêque de Chambéry, l'autel de la Visitation, reliques de saint Auxilius et de sainte Théodora.

Monseigneur Laborde, évêque de Blois, l'autel de la Nativité, reliques de saint Modeste et de sainte Sérène.

Son Eminence le Cardinal de Malines, assisté de Messeigneurs Leuveris et Gieten, l'autel de la Présentation, offert par la Belgique (saint Macaire et sainte Diodora.)

Monseigneur Rumeau, évêque d'Angers, Jésus retrouvé au Temple, reliques de sainte Agathe et saint Anicet.

Monseigneur de Pélacot, évêque de Troyes, l'agonie de N.-S., reliques de saint Cosme et sainte Innocentia.

Monseigneur Delannoy, évêque d'Aire et de Dax, la Flagellation, reliques de saint Vincent, sainte Fulgentia.

Monseigneur Schoepffer, évêque de Tarbes, le couronnement d'épines, reliques de saint Salvat et de sainte Fortunat.

Monseigneur Balaïn, archevêque d'Auch, le Portement de Croix, reliques de saint Pancrace, sainte Juconda.

Monseigneur Fulbert Petit, archevêque de Besançon, le Crucifiement, reliques saint Probe et sainte Donate.

Monseigneur Rougerie, évêque de Pamiers, la Résurrection, reliques de saint Boniface, sainte Eutrophie.

Monseigneur Belmont, évêque de Clermont, l'Ascension, reliques saint Lucens, sainte Désideria.

Monseigneur Passerini, patriarche d'Antioche, la descente du Saint Esprit, reliques saint Amateur, sainte Coronota.

Monseigneur Villiez, évêque d'Arras, l'Assomption de la Sainte Vierge, reliques saint Castus, sainte Innocienta.

Monseigneur Charles Mac Donnel, évêque de Brooklyn (Amérique), le couronnement de la Sainte Vierge, offert par le clergé des Etats-Unis, reliques saint Vital, sainte Lucidie.

Monseigneur de Carsalade du Pont, évêque de Perpignan, l'autel de saint Joseph, reliques saint Jucundinus, sainte Bonifacia.

Messeigneurs Andrieu, évêque de Marseille, Bouquet de Mende, Hazera, évêque de Digne, Dizien d'Amiens, Enard de Cahors, Lamouroux de Saint Flour, Leroy, évêque d'Alinda, Berthet de Gap, chacun de nos seigneurs les évêques avait à ses côtés deux chanoines et un nombreux clergé.

La veille avait eu lieu la bénédiction des saintes reliques, de l'eau et des nappes de l'autel. L'imposant cortège quitte le chàlet à huit heures, par un beau soleil et pénètre à la Basilique pour réciter les psaumes de la Pénitence et revêtir les habits pontificaux. La procession descend ensuite et vient se grouper en hémicycle sur le parvis du Rosaire, dont l'entrée principale est fermée. Après avoir invoqué la Trinité Sainte, le Cardinal entonne les Litanies des Saints ; ensuite, il s'asperge ainsi que l'assistance et, par trois fois, les murs extérieurs du Rosaire, trois fois il frappe à la porte, avec son bâton pastoral, disant : *Attollite portas* ; un diacre lui répond de l'intérieur. Les portes s'ouvrent ; le cortège s'arrête sur le seuil pour chanter une antienne ; les prélats s'agenouillent dans la nef ; le cardinal entonne le *Veni Creator* ; le chœur chante diverses hymnes et oraisons. Puis, son Eminence, sur de petits tas de cendres, placés en deux lignes, retrace les lettres grecques et latines pendant que retentit le chant du *Benedictus*, puis, a lieu la consécration des autels. Puis, le cortège se reforme et se rend à la Grotte où sont exposées les saintes reliques. A la Grotte, les pontifes s'agenouillent et chantent des antiennes. La marche triomphale s'avance vers le Rosaire ; les saintes reliques sont portées sur un brancard de velours cramoisi par quatre prêtres en chasuble rouge ; des enfants jettent des fleurs. Le cardinal fait les onctions sur la porte principale ; le cortège entre ensuite dans l'église avec la foule, à qui il est permis d'entrer. Puis, a lieu le scellement, dans les autels, des saintes reliques, l'encensement des autels, l'onction des murs extérieurs : puis, les prélats font brûler des petites bougies en forme de croix, les dernières onctions : on revêt les autels de leurs ornements, et puis un triple encensement par le prélat qui l'a consacré. C'en est fait, l'église du Rosaire et ses dix-sept autels sont consacrés au nom du vicaire de Jésus-Christ. Il est midi, lorsque la messe de la consécration, célébrée par le cardinal Langénieux, commence. A l'Evangile, une homélie fut prononcée par Mgr Enard, évêque de Cahors, sur la consécration de l'église ; à la fin de la messe, le cardinal Langénieux remonte

à son trône et donne la bénédiction papale. Il est
une heure et demie quand le cortège des évêques,
mitre en tête, crosse en main, remonta vers la
Résidence au chant du *Magnificat*. A quatre
heures, vêpres pontificales, présidées par le cardinal de Reims ; discours de l'évêque d'Angers
sur les grandeurs de la maison de Dieu ; ensuite,
salut solennel du Saint-Sacrement, prières pour
Léon XIII, puis les évêques se rangent sur le
parvis de l'église et donnent une solennelle bénédiction à la foule agenouillée.   .

Le soir, à huit heures, procession aux flambeaux, illumination des sanctuaires.

Le lendemain, eût lieu, dans l'église du Rosaire,
nouvellement consacrée, la fête de l'Adoration
perpétuelle : à neuf heures, messe pontificale par
Mgr de Pamiers ; discours de M. le chanoine
Gayraud, député du Finistère, sur la présence
réelle dans l'Eucharistie.

A trois heures, vêpres solennelles : discours de
M. le chanoine Valentin, professeur à l'Institut
catholique de Toulouse, sur : 1° Jésus eucharistique, triomphant sur l'autel ; 2° Jésus triomphant à Lourdes, y recevant un hommage solennel ; 3° Jésus eucharistique triomphant à Lourdes
par le ministère de Marie. Procession du Saint-
Sacrement à l'extérieur, Salut solennel, Bénédiction des évêques, procession aux flambeaux,
illumination générale.

Et, avant de quitter le théâtre de ces fêtes, chacun demandait au Dieu et à la Vierge riche en
bontés, que, satisfaits des honneurs rendus au
Très-Saint-Sacrement et au Saint-Rosaire, N.-D.
de Lourdes, exauçant les prières de Léon XIII,
se montre une fois de plus à la France pour lui
donner Jésus, en qui est notre salut, notre résurrection, notre vie, *in quo est salus, vita et resur-
rectio nostra. Fiat.*

Parole dite, il y a quelques mois, par sa Sainteté le pape Léon XIII à Mgr Hautin, archevêque

de Chambéry : « Je demande à Dieu un miracle. Je supplie la Vierge de Lourdes de se montrer encore visiblement à votre nation, de ramener à la religion tous ceux qui l'ont abandonnée. »

O Marie, Vierge Immaculée, Notre-Dame de Lourdes, vous voyez à vos pieds tous vos enfants qui vous supplient de sauver la France.

PRIÈRE

FÉLICITATION ET SUPPLICATION

O Immaculée Marie, je vous félicite mille fois du grand privilège de votre conception sans tache et j'unis mes louanges à celles de tous les esprits célestes et de tous les justes de la terre. Je rends grâce à la trinité bienheureuse de l'allégresse qu'elle a répandue dans la Sainte Église par la définition dogmatique de cet admirable mystère. Par la souveraine complaisance que mit en vous dès le premier instant de votre existence, celui qui a daigné vous élever à tant de grandeurs, je vous en supplie, agréez ces trop faibles hommages en réparation des injures journalières des hommes contre votre divin fils et contre vous. Avec une entière confiance, je remets dans vos mains, les nécessités de l'église et des empires. Je vous invoque par le Souverain Pontife, l'exaltation de la foi, la destruction de toutes les erreurs, la conversion des pécheurs, la réforme des mœurs, la prospérité de toutes les missions catholiques et spécialement pour le baptème des enfants, tant des fidèles, que des infidèles en danger de mourir sans le recevoir et encore pour la propagation de cette dévote pratique. Je vous en conjure, donnez à tous et surtout à nous dont le cœur vous offre le tribut de cette félicitation un ardent amour pour Jésus et pour vous une tendresse filiale, une parfaite pureté d'âme et de corps et le don sans prix de la persévérance finale, J'abandonne tout entre vos mains et tout entier je me consacre à vous. Je vous supplie enfin, que, en retour de cette visite, vous daigniez nous visiter à notre dernière agonie. Je vous le demande en particulier, pour ceux qui durant ce mois arriveront à cette heure des suprêmes périls. Visitez aussi et consolez les âmes bien aimées du Purgatoire et surtout celles qui, sur la terre, pratiquèrent cette félicitation.

Nous tous qui nous associons ici pour vous féliciter, puissions nous aussi nous réunir dans le ciel pour célébrer éternellement le grand mystère de votre Immaculée Conception, ainsi soit-il.

Bénie soit la Sainte et Immaculée Conception de la Bienheureuse Vierge Marie, Mère de Dieu.